NOËL

NOUVEL AN

Marcos Cervantes Janssen

Première édition : 2 décembre 2022

droits d'auteur© 2022 Marcos Cervantès Janssen

Edité par Lettre éditoriale@le jour

https://www.facebook.com/LETRA3ROJA

https://www.newtek.janssen@gmail.com

https://payhip.com/letra33roja

https://newtekjanssen.es.tl/

letra3roja@gmail.com

NOËL

NOUVEL AN

De : Marcos Cervantès Janssen

INDICE:

AVANT-PROPOS :

Noël et Nouvel An, deux grandes fêtes de transition, deux occasions de se renouveler ou de s'enfoncer plus profondément, quelle est votre stratégie personnelle dans votre vie, ou est-ce peut-être que couler signifie abandonner la sobriété émotionnelle. Accordez-vous un instant, cela vous fera vraiment du bien; laissez vos pensées prendre le discernement de cette question importante. Cette époque n'est-elle pas la cause de grands changements personnels et sociaux dans notre histoire ? Laissez-le vous accompagner à travers votre imagination, car mes lettres ne sont rien d'autre que des compagnons de vos pensées pour découvrir ce que vous avez réellement fait à chacune de ces périodes festives et éventuellement chaque année dans la vie de chacun. C'est ainsi que tu es celui que je perçois dans mon esprit au moment où j'écris ces lignes, peut-être penses-tu que je ne te connais pas, mais crois moi qu'en tant qu'être humain je n'ai pas partagé avec toi toutes les expériences qu'un être humain être peut englober dans cette vie biologique. , plus vraiment de nombreuses et très importantes situations, ont été parallèles dans nos vies, cher lecteur ; Toi et moi sommes nés d'une femme, nous étions des nourrissons, et sans plus tarder nous avons découvert le monde pas à pas, nous avons gagné, nous avons perdu et nous avons appris, la fatigue et l'illusion sont notre réalité, je vous offre ma force à travers cet écrit pour rappelez-vous, analysez et appréciez les hauts et les bas, à mesure que les humains évoluent, c'est une merveille que nous devons vivre chaque jour, il m'a serré la main en guise de salutation .^. Trois temps sont importants pour nous; le passé, le présent et le futur concernent une éternité d'existence, dont vous et moi formons avec l'ensemble de la population.

NOËL:

Un mot avec tant de souvenirs à retenir, beaucoup à faire à cette date, et tant de choses que nous pouvons planifier pour l'avenir. Noël a été dans les guerres, l'unique moment de trêve, entre rangs ennemis prêts à s'entre-tuer. C'est à ces dates où les hommes, aveuglés par la peur et le courage, s'éveillent brièvement à un espace de fraternité, une pause dans leur mort quotidienne, un souffle d'amitié et de concorde. Noël à travers le monde est respecté pour ses croyances et ses coutumes, les raisons de sa pratique peuvent varier, mais ses origines donnent à l'être humain le même sentiment, c'est ici que l'on peut vérifier que l'être humain est bien le frère universel de l'un des un autre, chaque enfant et chaque adulte, a vécu l'émotion de Noël, les cadeaux, les retrouvailles familiales et la quiétude d'une fête pour la paix, il est le bienvenu dans toutes les familles du monde, Noël est donc un événement de plus qu'un simple matière matérielle, puisque tant son origine que sa pratique actuelle projettent un monde où, malgré les idéologies et les mauvaises pratiques, la bonté du cœur humain ne mourra jamais. Noël a été une énorme excuse pour DONNER, donner pour nous, êtres humains, est la plus grande pratique de guérison mentale, donner intensifie le but de notre vie, et nous ne pouvons donner que si nous avons su recevoir et appris à générer. Seuls les êtres qui ne peuvent pas accomplir cette tâche naturelle et noble sont ceux qui ont été cautérisés par leurs expériences négatives, et c'est à ce moment qu'ils pourraient être rendus à la chaleur de l'amour qui leur est prodigué, rappelons-nous que l'AMOUR est l'arme et la médecine par excellence.

NAISSANCE:

En latin Nativitas à Noël, donc, cette fois, bien plus qu'une simple fête religieuse et culturelle ; Noël pour l'humanité est un moment pour renaître en tant qu'enfant, un désir de partager la fraternité et des cadeaux comme aucun autre moment de toute l'année, Noël est l'occasion de donner et le grand privilège de recevoir, non seulement des questions matérielles, mais ce qui se cache derrière elle existe, l'intérêt et la place dans la vie de ceux qui se souviennent de nous. Dans cet écrit il soulignait l'importance de reconnaître cette naissance en notre personne, la renaissance de l'amour véritable, étant l'amour de DIEU, l'amour véritable du prochain et de tout ce qui cohabite notre existence sur cette planète. Chaque lieu et chaque personne a expérimenté, au milieu d'une vie matérielle et bruyante, cette lumière de paix qui est NÉE dans nos cœurs, en ces temps d'expériences intenses et joyeuses. Si tout au long de votre vie vous avez ressenti le besoin d'apprendre à évoluer, ce n'est que par l'amour et la renaissance quotidienne de notre esprit que vous pourrez sans aucun doute y parvenir. Notre vie dans un quotidien mourir et naître, de nos cellules, à l'esprit même qui ouvre de nouvelles portes de l'esprit se réalise jour après jour, un nouvel esprit, provoque l'innovation et la transcendance dans nos esprits. C'est ainsi que notre corps reconnaît puissamment l'esprit humain comme un pont vers cette dimension aussi réelle que l'air, c'est ainsi que la Lumière éternelle se manifeste dans tous les domaines, chaque Noël est un prétexte de plus pour mourir au vieil homme aigri et naître à notre meilleure version en tant qu'êtres humains.

NOUS SOMMES NÉS CHAQUE ANNÉE À L'AMOUR UNIVERSEL ET À LA FRATERNITÉ, AFIN D'ÉVOLUER COMME UNE RACE.

ACCORD:

Nous savons qu'en vérité, cette période est un enjeu commercial, mais loin de la voir négativement, c'est aussi une opportunité financière pour de nombreuses familles tout au long de l'année, nous devons donc déterminer l'entreprise des autres comme un bien commun, et pour cette raison, dégustez avec prudence et mesurez la consommation à ces dates, sachant que nous en bénéficions tous mutuellement. Noël comme une question financière, pasdoit parce qu'être éclipsé par le manque de perception et de promotion financière, il est très sain de maintenir une consommation utile et consciente sans endettement massif, qui nous entraînera dans la descente l'année à venir. C'est ici que la prudence et l'épargne jouent un rôle important dans la santé financière des familles et des entreprises. La manifestation d'affection et d'amitié s'exerce d'une multitude de façons, donc le plus important est avant tout le lien de fraternité. C'est une réalité que les choses matérielles et beaucoup plus utiles sont très utiles pour la promotion d'une vie économique bonne et saine.Donner des outils ou des instruments pour mener à bien nos tâches quotidiennes est un véritable investissement des autres pour le bien commun, pour On d'autre part, une consommation excessive et sans véritable but d'aider, mais pour le désir de faire preuve d'arrogance, implique le roche des biens qui à son tour conduit à l'inconfort familial et à la rareté des ressources dans les futurs moments de dépenses courantes. Cela vaut vraiment la peine de s'arrêter et de bien réfléchir au choix de la consommation de Noël, pour le bénéfice général, faire des achats utiles et un intérêt productif à long terme.

LA PASSION AVEC L'INTELLIGENCE PRODUIT UNE PLÉNITUDE INTÉGRALE.

NARCISSISME:

J'aborde ce sujet, car c'est à ce moment où le narcissisme camouflé en bien émerge dans la vie quotidienne, de manière subtile et destructrice. L'individualisme nous a conduits à nous séparer des autres de manière invisible mais presque invincible, la méfiance envers nos propres expériences et celles des autres, nous ont endoctrinés à être amoureux de notre égoïsme, non plus pour la survie, mais pour la compétition et un ego mal éduqué . On oublie qu'on est une seule race, un seul genre biologique, et on sectionne de façon exagérée, jusqu'à rester dans l'individualité totale, tout devient particulier et on cherche l'originalité pour s'accepter et non pour contribuer, on fait des cadeaux à être exalté et à ne pas élever le voisin, on a appris à être numéro un, mais on oublie l'égalité, et si on ne réussit pas, on envie la superficialité de la consommation, on a cessé de se valoriser en soi, et on ne cherche que l'approbation, avec un pareil, avec une caravane, avec un sourire et avec des étiquettes sociales d'hommes bons et saints, nous cessons vraiment de reconnaître que nous ne sommes qu'un plus du vaste univers, et pour qui nos obligations passent avant nos droits, semer et seulement puis de récolter.

NOUVEL AN:

Cette fête est vraiment importante, car chaque cycle correspond à un tour complet autour de notre roi des étoiles, le soleil. Bien que les religions ne soient pas d'accord pour prendre au sérieux notre réalité matérielle comme manifestation à part entière de la vie, elles ont éclipsé la connaissance ancestrale des mouvements cosmiques, la rotation planétaire est liée à notre vie quotidienne d'une manière incroyable, chaque cycle prend une renaissance intégrale dans tous les aspects , chaque pulsation du cœur, chaque larme qui clignote, chaque oscillation électronique, marque une marche dans l'existence, les pensées, les œuvres et les manifestations à tous les niveaux de l'existence nécessitent un oscillateur de progrès, un tambour qui donne le ton à l'avancement existentiel. Il n'y a vraiment pas d'évolution sans nouveau cycle, c'est la véritable importance de la nouvelle année, un cycle fermé et une nouvelle opportunité dans la galaxie d'avancer dans la formation de plénitude particulière et surtout collective, cela inclut bien sûr tout ce qui existe . De la pensée et de la compréhension qui ne se voit pas, vient l'évolution visible de notre civilisation, qui bien sûr est tangible et donc visible pour tous.

DEVENIR NUIT :

La tombée de la nuit s'appelle à la fin de l'année, et c'est ici que le récit de tout ce qui a été fait marque un bilan à analyser, d'où l'expérience accumulée, tout à ne pas répéter, et tout à multiplier. C'est donc un retour en arrière qui nous façonne en tant qu'humains en voie de maturation, c'est pourquoi un récit de tout ce qui a été vécu fait sans aucun doute partie du succès à venir. Clôturer un cycle est vraiment important pour un renouvellement vrai et fractal, évaluer notre cycle de clôture implique un travail consciencieux et honnête avec notre intérieur, c'est ici que l'engagement avec l'extérieur nécessite d'intérioriser, non pas parce que nous sommes heureux de ne pas nous aimer, mais un une véritable autocritique et une évaluation réelle et objective de nous-mêmes. J'aborderai le thème de l'obscurité et de la mort, avec une perspective saine, la lumière est vie et action, de plus l'obscurité nous rappelle le repos et la suspension du travail, afin de récupérer la force, donc la mort aux cycles constants de la vie, ils apporter avec eux, un renouveau et un lapsus dans le futur, de cette façon nous voyons que tout ce qui semble négatif, n'était que la fermeture d'une ouverture future, la chose la plus importante dans cette situation cyclique est le degré de conscience dans la vie, c'est afin de reprendre et d'exercer notre apprentissage.

AUBE:

Maintenant après s'être reposé, avoir analysé et appris ; La maturité dans notre marche fournit sans aucun doute des outils nouveaux et améliorés pour nous développer dans ce nouveau cycle d'actions et d'expériences à vivre. L'aube est le fruit de la mort, d'une semence enfouie, d'un cycle accompli, sous une analyse complète et consciente du passé immédiat. L'aube est déjà l'occasion, en route vers un exercice expérimental, l'utilisation consciente de tout ce que nous accumulons pour grandir. Vous ne renaissez pas comme par magie de vos cendres, vous ne marchez pas non plus par vengeance et démonstration d'ego, vous marchez avec une sagesse émanant de la prudence et de l'intelligence émotionnelle, afin de ne pas être l'otage de nous-mêmes ou du monde extérieur, qui n'a souvent rien Avec ce nouveau cycle, même s'il ne nous est pas possible de guider les autres, ne perdons pas de vue cette nouvelle opportunité de consolider notre stabilité. L'aube regarde la lumière de l'extérieur comme de l'intérieur , c'est se réveiller pour notre propre marche mais n'oubliez jamais que même si cela peut ne pas nous sembler commode, nous faisons partie du tout et en raison d'une telle situation, annonçons cette opportunité qui nous est donnée à tous.

CROÎTRE:

La croissance ou l'évolution demande du temps et des efforts, ainsi que l'usure et l'achèvement des cycles. Lo más importante de los ciclos es la orientación final de la ruta, si dejamos el fluir por inercia y sin conciencia, los eventos pasarán siempre desapercibidos y no gozaremos la plenitud de la conciencia, de que sirve la experiencia si nuestro andar es adormecido y vivimos dans l'obscurité. Rappelons-nous que la peur ralentit notre croissance, dans toutes ses dimensions, le seul facteur régulateur est la prudence, mais la prudence n'arrête pas mais ne fait que diriger le flux que nous devons diriger en pleine conscience, la vraie croissance demande de vivre en plein jugement, c'est ne pas rendre de verdicts à la légère, être attentif et conservateur dans un état de vigilance constant, tant à l'intérieur qu'à l'extérieur. Il n'y aura pas de stress dans les processus de croissance lorsque nous comprendrons que la constance peut tout faire, orbiter dans l'ordre autour du bien commun, sans jamais oublier l'individu, et la véritable croissance intégrale vient de mettre le TOUT au-dessus du soi individuel et capricieux de notre enfant ego Nous venons, nous sommes et nous serons à jamais une UNITÉ en perpétuelle croissance qui ne s'arrêtera jamais, vivre en grandissant consciemment, nous a ouvert les yeux sur la PLENITUDE DE LA FRATERNITE.

ÉPILOGUE:

Concluyo este tratado, con un concepto positivo de experimentar la Navidad como un hecho histórico de paz y fraternidad, sumando la fe de cada persona, así mismo la celebración de fin de año en agradecimiento y el recibir una nueva oportunidad de ejercer nuestra plenitud a un nouvel An. Prendre chaque cycle comme le fait l'univers, c'est apprendre de cet organisme vivant et intelligent, ce que nos ancêtres ont pratiqué pendant des siècles, vivre en fraternité, évaluer la clôture des cycles et affronter les temps nouveaux chargés de force dans l'évolution ordonnant celle de notre éssence. émane.

PROYECTO
LETRA©ROJA

BONJOUR, JE SUIS CHERCHEUR, ÉCRIVAIN ET INGÉNIEUR EN COMMUNICATION, TOUTE MA VIE J'AI VÉCU DES SITUATIONS FORTES, À TOUS POINTS DE VUE, J'ESPÈRE QUE VOTRE VIE CONTINUE À S'AMÉLIORER ET QUE VOUS VOUS DÉVELOPPEZ AU MAXIMUM, ÉLARGISSANT VOS CONNAISSANCES, VOTRE ESPRIT ET VOTRE CAPACITÉS, JE SAIS QUE RENFORCER VOTRE VOLONTÉ, JE SUIS SÛR QUE NOUS POUVONS TROUVER UN MOYEN D'ÉLARGIR NOTRE EXISTENCE, JE VEUX TOUJOURS VOUS ACCOMPAGNER, ET MERCI D'AVANCE, POUR ÊTRE.

Noël et Nouvel An, deux grandes fêtes de transition, deux occasions de se renouveler ou de s'enfoncer plus profondément, quelle est votre stratégie personnelle dans votre vie, ou est-ce peut-être que couler signifie abandonner la sobriété émotionnelle. Accordez-vous un instant, cela vous fera vraiment du bien; laissez vos pensées prendre le discernement de cette question importante. Cette époque n'est-elle pas la cause de grands changements personnels et sociaux dans notre histoire ? Laissez-le vous accompagner à travers votre imagination, car mes lettres ne sont rien d'autre que des compagnons de vos pensées pour découvrir ce que vous avez réellement fait à chacune de ces périodes festives et éventuellement chaque année dans la vie de chacun.

ISBN 9798370207266